AMORES VERSADOS

ANGELA BARROS

AMORES VERSADOS

EDITORA
Labrador

Copyright © 2018 de Angela Barros.
Todos os direitos desta edição reservados à Editora Labrador.

Coordenação editorial
Diana Szylit

Projeto gráfico, diagramação e capa
Maurelio Barbosa

Revisão
Ana Maruggi
Daniela Georgeto
Maria Isabel Silva

Foto da capa
Autorretrato da autora

Dados Internacionais de Catalogação na Publicação (CIP)
Andreia de Almeida CRB-8/7889

Barros, Angela
  Amores versados / Angela Barros. — São Paulo : Labrador, 2018.
  144 p.

  ISBN 978-85-87740-46-5

  1. Poesia brasileira I. Título.

  18-2017   CDD B869.1

Índice para catálogo sistemático:
1. Poesia brasileira

Editora Labrador
Diretor editorial: Daniel Pinsky
Rua Dr. José Elias, 520 – Alto da Lapa
05083-030 – São Paulo – SP
Telefone: +55 (11) 3641-7446
contato@editoralabrador.com.br
www.editoralabrador.com.br

A reprodução de qualquer parte desta obra é ilegal e configura uma apropriação indevida dos direitos intelectuais e patrimoniais da autora.
A editora não é responsável pelo conteúdo deste livro.
A autora conhece os fatos narrados, pelos quais é responsável, assim como se responsabiliza pelos juízos emitidos.

PARA TODA MULHER
QUE AMA,
AMOU OU AMARÁ
UM DIA.

PREFÁCIO

Milésimos de segundos
milhões

Bate forte dentro do peito
acalma
alma

O tom certo
encaixe perfeito
invade espaço, não habitado
totalmente dominado

Quanto amor cabe dentro de um coração?
Quanto

Refletir o amor é exercício puxado, qual músculo acionar?!
espera pra entrar – é muito bem-vindo – não quer ir embora
virou a casa

Fragmentos
rotina de uma vida amorosa
desabafos e indagações
mulher que ama demais
concentrada i n t e n s a

dá rasteiras
(re)inventa
que a vida siga adiante
busca incansável
ser amado como se acha que deve ser

segundos, semanas, vida inteira
maratona
rotina
dias e noites a fio

Amor consciente
infinito, neutro
preguiçoso, platônico
displicente, irracional

amor de antes
de hoje

de idoso, um vai o outro também,
de colégio, casamento que desmorona,
de ex, pra sempre...
[alívio]

Fernanda Barros Salama
e Fabio de Barros Gomes

AGRADECIMENTOS

A Deus, por minha existência.
Aos meus pais, que me guiaram pela vida.
Aos meus filhos, que me apoiaram
em minhas quedas pela vida.
Aos amores da minha vida,
que tornaram este livro possível.
À paixão que vem sem avisar e nos inunda
de sentimentos loucos e urgentes.
Ao amor, que torna tudo possível e acalma a alma.

ERA JANEIRO.
ERA VERÃO.

UM VERÃO QUE
MARCARIA
SUAS VIDAS
PARA SEMPRE.

chegava a hora do nosso primeiro encontro
o medo, a dúvida e a curiosidade tomavam
conta de mim
lembro com carinho cada instante
meu andar desajeitado até você
nossos olhares, meu medo, sua confiança
o restaurante, a praça
suas mãos procurando meu corpo com
carinhos suaves
toda sem jeito eu me dei a você
e você me tomou por inteiro

pela primeira vez eu iria ficar com você
estava ao mesmo tempo tensa e ansiosa
era tão bom estar ao seu lado
tudo era doce e belo
você me querendo e eu me entregando
e o tempo passava tão rápido, tempo ingrato
que separa os amantes,
quando finalmente nos separamos
já estávamos ansiosos por um novo encontro

você disse: gosto de você assim, não mude
como foi bom escutar essas palavras da sua boca
que disse a frase com um sorriso feliz nos lábios
queria tanto ficar mais um pouquinho com você

AINDA ERA JANEIRO
AINDA ERA VERÃO.
TUDO PARA ELA
ERA ELE.

foi tão bom encontrá-lo
trouxe um mundo novo a ser explorado
me fez ainda mais mulher
eu me entreguei

reinava a alegria, risos e palavras confundiam-se
e lá estava eu no meio da multidão, sozinha, perdida
tentei sorrir, e dos meus lábios apenas
um esboço de riso aparecia
a tarde caía
a bebida começava a transformar o mundo, a vida
meu corpo relaxava, e até consegui
um pouco de alegria
todos sorriam alegres, até você parecia feliz
você estava bem naquele dia
foi a primeira vez que realmente conversamos
depois dançamos
eu estava nos seus braços
você acariciava meus cabelos
nossos corpos se chamavam
eu com medo queria fugir, mas ficava
você me beijou, eu deixei
prometemos um novo encontro
e tudo começou nesse dia
com um beijo

é engraçado o que acontece com nós dois
nos encontramos, sorrimos felizes um para o outro
conversamos das tristezas, alegrias,
de tudo um pouco
nos olhamos, nos aproximamos
procuramos sentir o outro totalmente
subimos montanhas na liberdade do amor
para descer calmamente depois
nossos corpos cansados e suados
descansamos até o adormecer
um nos braços do outro
quando acordamos, a realidade bate à nossa porta
num beijo de adeus nos separamos
fingimos não nos conhecer, o prazer nos conforta

JANEIRO, O PRIMEIRO
MÊS DE AMOR COM ELE,
E O AMOR DELA
BORBULHAVA.

você me quis ontem, hoje pela manhã
eu gostei e me entreguei a você
é tão bom quando sinto você meu
gosto desse descompromisso,
sem falsas promessas
das palavras vãs
dessa confiança e até da insegurança
que nada nos obriga a isso
que é dado porque se quer dar
recebido porque se quer receber
gosto até dos vaivéns, sem cobrança
dos mal-entendidos, dos nossos desencontros
deles, só fica a lembrança
juntos rimos dessas coisas tolas
mas que parecem nos unir cada vez mais

vamos sair, vamos por aí, sorrir, brincar, amar
o tempo é pequeno, os minutos
as horas passam tão depressa
vamos ficar contentes com o tempo que temos
sentir o brilho das estrelas e o calor do sol
o canto dos pássaros
o cantar das ondas do mar
arrebentando nas areias da praia
sejamos fortes para superar nossas fraquezas
amar o belo, mas também o feio
admirar os famosos
mas não esquecer os humildes
sorrir para o amigo e até para o inimigo
elevar nossos espíritos
e incentivar para que outros façam o mesmo
vamos ser felizes

O VERÃO ARDIA LÁ FORA

E DENTRO DELA...

você chegou num quase sussurro noturno,
me envolvendo
seus braços, asas de anjo, num abraço
me dando segurança
quando estamos enlaçados formamos um só ser
não existe forte nem fraco
apenas dois amantes presos numa só aliança
unidos formando um todo

gosto quando você, acanhado, embaixo dos lençóis,
tira suas roupas
e vem chegando perto de mim querendo carinho
passeando suas mãos pelo meu corpo
nos emaranhamos
gosto quando você me quer
gosto quando me entrego de corpo e alma pra você

AINDA É JANEIRO E ELA JÁ AMOU UMA VIDA INTEIRA...

você se apaixonou por mim, estou tão feliz
que pareço uma colegial
que acaba de receber seu primeiro beijo
quando cheguei em casa você estava à minha espera
com aquele sorriso que tanto desejo
gosto de sentir que você está bem

você me ama, senti isso hoje
gostaria que fosse sempre assim
você se entregou pra mim
e amei você como nunca
vi paz nos seus olhos
tranquilidade no seu jeito de agir
parece que ter paz você vai conseguir

braços que me abraçam
palavras de amor que me aquecem
mãos que passeiam pelo meu corpo
boca que me beija
beijos que me enlouquecem
loucura gostosa que me leva ao êxtase
enquanto ele observa e espera
volto e vejo satisfação no seu olhar

solidão, nunca senti
você se faz presente sempre
mesmo em nossos desencontros
você chegou e me mudou suavemente
eu deixei, fui permitindo, e gostei
você consegue tudo
eu tudo tenho com você, como sonhei

depois de alguns dias juntos fico triste
com sua ausência
penso como seria bom ter você sempre
se pudéssemos nos comunicar
através do tempo e do espaço
eu saberia se você está bem, você saberia de mim,
da nossa latência
procuro ficar bem comigo
para quando vir você de frente

O AMOR DELA
FLORESCE,
ABASTECE.

amar é a vontade de dar sem o outro pedir
amar é sonhar acordado e dormir para sonhar
   com o amado
amar é sofrer quando o outro sofre
amar é esperar o anoitecer para encontrar a pessoa
   amada
amar é sentir felicidade quando vai encontrar com
   ele
amar é falar com o olhar e não precisar de mais nada

versos escreverei em tua homenagem
serão versos ricos a ti dedicados
serão versos de amor, minha linguagem
porque é amor o que sinto por ti
amores versados

aconteceu
ninguém sabe como nem porque ou quem inventou
mas aconteceu
o céu, o mar, as estrelas e o sol
o encanto da lua, as lágrimas da chuva
a beleza do orvalho e o canto das ondas do mar
a arte do amar e do desamar
aconteceu a vida

ÚLTIMOS DIAS
DE JANEIRO,
E ELA ERA SÓ POESIA.

estou amando
me entregando sem pudor
sem nada pedir
sem nada impor
vendo e ouvindo e calando
fingindo que nada vejo
amando e amando

nos amamos sem promessas
aconteceu
você está em mim
venha quando quiser

O ÚLTIMO DIA DO MÊS
BROTA COM DOR

E INSEGURANÇA
PARA ELA.

estou deprimida
você é uma caixinha de surpresas
nunca sei como vou encontrá-lo
ontem você parecia nem querer ouvir minha voz
tive vontade de correr até você e gritar que te amo
mas você não pode ser assim tão inconstante
um dia se entrega, no outro fica distante
esse vaivém tem me deixado louca
não sei o que fazer

sinto-me insegura e penso o que você sente por mim
sinto ciúmes de você, alguma vez você já sentiu
ciúmes de mim?

incerteza de ser amada
amada mais que as outras, amada
incerteza da entrega para não sofrer
ver e fingir que não viu
ouvir, nada falar, se abster

MAS JÁ É FEVEREIRO.
A MARÉ MUDA
E O AMOR REACENDE.

uma nuvem negra passou sobre nossas cabeças
nos afastando
a inveja se fez presente e nos perdemos
mas aquele encanto que estava no íntimo de nós dois
necessitou de alimento e se fez notar
veio a necessidade de aproximação,
de sentirmos um ao outro
e com uma força ainda maior fui ao seu encontro
procurei você
e você veio ao meu encontro depois
esquecemos o ontem e nos entregamos
o sol voltou a brilhar nas nossas vidas outra vez

e quando no seu corpo meu corpo descansa
sinto que fazemos parte um do outro
como é bom no fim do ato
sua mão passeando no meu corpo, mansa

eu sei de cor seus segredos
seus sonhos realizados
e os ainda sonhados
suas guerras perdidas
e as com garra vencidas
conheço você por inteiro, seus medos
nas suas mentiras e verdades,
alegrias e tristezas,
eu sei seu preço
você é grande nas fraquezas
eu sinto você inteiro
sei o gosto dos seus lábios
e o calor dos seus abraços
conheço seu rosto no fim do ato
conheço você e aceito
eu amo você por inteiro

A ALEGRIA DE FEVEREIRO DILUIU-SE RAPIDAMENTE, MISTURANDO-SE ÀS LÁGRIMAS DELA.

eu não queria uma aventura
eu procurava um amor que fosse eterno
mas no meu caminho
sucumbi a aventuras passageiras
eu não queria uma aventura
tudo foi passageiro, simplesmente aventuras
olhei ao meu redor
não encontrei ninguém para chamar de meu
não encontrei alguém sequer
que eu pudesse dizer amar

Por quê?
pelas faces rolaram, lentamente
o gosto salgado foi sentido
se eram de alegria ou tristeza não se sabe
Só sei que transbordaram...

toda vez que me olho no espelho
sinto falta do seu reflexo ao meu lado
me abraçando, acariciando meu corpo
toda vez que me olho no espelho
penso em você e fico triste
você está longe, nem sei onde,
nem quem está ao seu lado, sinto ciúmes
não consigo esquecê-lo

você disse que vinha me ver
quando acordo já estou ansiosa
e essas horas que não passam
parecem zombar de mim
passa a manhã, a tarde chega
e vai embora e você não vem
a noite chega e eu estou aqui, ciosa
só te esperando, e você não vem
quero dormir, não consigo
e esses carros que não param de passar
a cada buzina que toca saio na janela
você disse que vinha e não veio

O FEVEREIRO QUE TUDO PODIA AGORA MINGUAVA O QUE ANTES HAVIA...

reinava a tristeza
os lábios se contraíam nervosos
pequeninas gotas rolavam sobre o rosto amargurado
deixando um gosto amargo

hoje mais uma vez você me escuta calado
se esconde em palavras soltas
em carinhos
você me magoou

hoje, de repente, você conseguiu dizer
uma verdade numa só frase
procurei outra
fiquei chocada
tola, pensei que você conseguisse ser aberto, sincero
se antes, quando não era preciso esconder,
você mentia
sinto por você
sinto por mim
não sei se conseguirei juntar meus pedaços

estou com ciúmes
você longe tão contente
e eu aqui tão sozinha e distante
sei que você está com uma gente
que não é nem um pouco interessante
mas tenho ciúmes do que está à sua frente
você está tão longe de mim
e vejo você tão lindo e distante
aí eu enfureço e escrevo
coração, eu preciso tanto de você
nunca amei tanto assim
detesto a doçura desta brisa que insiste
em entrar no meu quarto
e sofro e quero que você sofra também
mas eu lhe quero tanto bem
que bom seria se você voltasse pra mim

como te amo
essa saudade que aperta meu peito
essa demora me sufoca
esse amor que enlouquece

como te amo!

fica comigo!

O TEMPO PASSOU.
JÁ É DEZEMBRO E O
NATAL JÁ SE FOI.

MAS O PRESENTE
NÃO É TARDIO.

era uma agradável tarde de verão,
mas eu estava triste
quando de repente você chegou
oh! meu coração disparou e corri ao seu encontro
o ontem já não significa nada
eu te amo e você está aqui
sinto-me tão feliz, você também
vamos para algum lugar nos amar loucamente

como sei amar você
nos seus problemas
na sua solidão
nas alegrias, na dor
nos seus dilemas
como sei entender
você e seus sistemas

amo o silêncio
o tempo que nos separa
nossos reencontros
é bom estar ao seu lado
você floresce em mim
você é sol, é alegria
como sei amar você

UM MÊS DEPOIS...

ah, maldita indiferença
que contamina minha mente
confunde meus pensamentos
sinto a insegurança corroer meu corpo
como veneno que contamina rapidamente
perguntas e respostas agressivas
quero ouvir de você a verdade
o desmentir dos boatos
sinto medo que me desagrade
não quero perder você assim
venha pra mim
olhe nos meu olhos
fale comigo
vamos juntos buscar a verdade

incertezas, inseguranças, desencontros, amor e falta
de amor
um sendo do outro e ao mesmo tempo tão distantes
querendo ser feliz, mas tendo medo de arriscar
espera, faz planos
pensa, e pensa muito
algo o inquieta, mas não sabe o que é, não diz
ela espera, seu coração chora,
está feliz ao lado dele, mas não quer senti-lo infeliz
pensa fugir, sabe que vai sofrer, mas precisa tentar

não finja ser alegre
desabafe
mostre-se inteiro para mim
se você ficar triste, eu lhe trarei alegria
seja feliz
esqueça o passado
viva apenas o presente

fico tão magoada
quando sinto que você não é leal comigo
sinto vontade de morrer
de sair por aí
de fazer não sei o quê
quando penso nas mentiras
no leito repartido
nos carinhos reprimidos
entreguei para você minha alma, meu corpo,
minha paixão, minha amizade
por que você ficou comigo?
foi num momento de desilusão
você não conseguiu o que queria
a árvore frutificou, sentiu pena e aceitou?
remorso por um fruto já abortado?
porque uma vez você falou não saber se realmente
gostava de mim
era melhor naqueles dias que você falava a verdade,
não mentia

ERA AGOSTO,
E A CONTRAGOSTO
VÊM AS CONJECTURAS...

mais uma primavera chegou
com ela nosso botão de vida
e o medo da verdade aumentou
choro por você
choro por mim
choro por quem por nossa causa vai sofrer
gostaria que você encontrasse sua verdade
seja ela qual for
boa para você, ruim para mim
não importa
gostaria que você fosse feliz

esse seu jeito passivo, parado, me põe inquieta,
nervosa
esse seu jeito de fim de semana me endoidece,
sinto raiva
vontade de sacudir você
esse seu jeito de fim de semana me faz pequena
essa sua pose quando saímos
essa encenação
seus olhares para toda mulher que passa por nós
me faz lembrar dos dias aflitos que passei
quando conheci você
fico insegura, me enfureço
eu falo e você não escuta
não faça isso comigo
falo o que não quero para ferir, magoar
me apequeno
tão insegura
essa sua pose fora do nosso ninho é tão falsa
e medíocre
não gosto de você assim

JÁ ERA OUTRO DEZEMBRO, VÉSPERA DE NATAL.

E UM PRESENTE
PARA ELA...

tateio curiosamente minhas mamas
os dedos têm pressa em circundá-las
sinto-as maiores, parecem mais firmes
o sangue que jorrava entre minhas pernas desapareceu
e a explosiva conclusão: vou ser mãe!
um entusiasmo repentino me domina
de súbito, corro ao espelho
nua, por fora a pele alva à luz íntima do quarto
por dentro, tento ver em meu ventre sua presença
já quero adivinhar como você é
menino? menina?
ah, mas isso não importa
estou feliz, muito feliz!
quero você, meu filho
seja bem-vindo ao meu corpo
use-o. sorva-me
é tão bom saber que de hoje em diante você e eu
seremos um só
você me sentirá, e eu a você!

quero esperar seus pontapés,
adivinhar seu movimento,
quero a cada dia, diante do espelho,
meu ventre apreciar,
quero senti-lo sorvendo do meu corpo seu alimento
quero ser sua mãe, seu aleNto, seu casulo, seu lar

A ALMA DELA
TEM SAUDADE...

o dia começa tranquilo
estou bem, nada me perturba
logo mais vou encontrar você
são dezesseis horas, estou só numa calçada qualquer
nada mudou
espero você como nos nossos primeiros encontros
escondidos
volto ao passado
como era bom todas as manhãs esperar sua chegada
como era bom simplesmente olhá-lo e lhe desejar
um bom-dia
um bom-dia medroso falado baixinho
tudo era alegria quando, ao cair da tarde, ao longe,
no meio da multidão e dos faróis dos carros
eu encontrava você
dias em que minha paixão nada significava para você
eu era apenas mais uma
como você poderia imaginar
tanto sentimento em uma mulher, menina ainda
mas o tempo passou
quanta coisa descobri com você
e você ao meu lado ajudou o meu desabrochar
com você descobri as coisas boas e más da vida
quanta ingenuidade diante da vida
e o tempo foi passando

nos aproximando, conhecendo, envolvendo
você começou a gostar da minha presença
ao seu lado
entre nós não havia mentiras, só verdades
confesso, algumas me magoaram
eu, jovem demais para entender
você, com pouco tempo para brincar
e o tempo passou
encontros, desencontros
quando aconteceu
noite de ano que estava para acabar
noite que, depois de preferir
outras companhias à minha,
você voltou
noite que você me quis ao seu lado
para o início de uma nova vida, juntos
noite que começou nossa vida a dois
hoje, depois de sete meses passados
espero você ainda mais enamorada
espero você, mas já não estou sozinha
no meu ventre carrego o nosso filho
que me preenche de alegria
você chega, corro ao seu encontro
tudo está bem entre nós
e assim cai a tarde
os sinos tocam anunciando a ave-maria

parei para pensar sobre a vida,
coisa que há muito tempo não fazia
pensar no que tenho fcito por você
desde o começo da nossa vida a dois
será que tenho sido uma companheira ideal, amiga?
fiquei triste, acho que parei de lutar por você
abraçar e beijar você quando chega cansado
no final do dia
e ao acordar sorrir e emaranhar-se no seu corpo
para um bom dia
sei bem que só carinho não resolve
precisamos conversar e não tenho conseguido
sinto você perdido, sem saber o que fazer
são muitos os conflitos em sua mente
não gosto de ver você assim

tão cansado, sem ter tempo para se sentir feliz
vamos pensar mais no hoje
e deixar o amanhã para amanhã?
fico triste sem saber o que fazer
tenho você perto de mim
mas seus olhos e pensamentos vagam ao longe
gostaria de poder explorar sua mente
para melhor entender você
ser mais sua amiga
enquanto escrevo
sinto nosso filho crescer dentro de mim
como o amo, como o espero,
como gosto quando você percorre meu ventre
à procura do nosso filho

AMOR E DOR,
A DOR DE AMAR MUITO.

é noite
não sei bem por que me sinto enciumada
estou gorda demais, obtusa
as outras mulheres me parecem tão magras e bonitas
estou desajeitada
perto de outra mulher fico confusa
mil ideias passam por minha mente
você gostaria de ter um belo corpo para abraçar
um corpo ágil para fazer amor
rolar na cama sem se preocupar com nada
meu corpo está tão lento
não consigo me mexer como antes
estou insegura, dolente
mas gosto tanto de você
gosto tanto do nosso filhinho
que logo vai sair do meu corpo
não queria me sentir assim
e já é madrugada
sinto-me deprimida
com vontade de receber carinho, de dar carinho
não consigo
fico aflita
fico triste
isso nos afasta
não quero isso para nós dois
amanhã é outro dia
tudo estará bem depois

e se faz um novo dia
procuro me distrair, não pensar em nada
converso com nosso filho
sinto sua inquietação dentro de mim
não quero que ele sinta minha aflição
sinta apenas meu amor por você, meu filho
nós, mulheres, somos tão complicadas
amamos, somos amadas
temos medo de perder nossos amores
pensamos demais
estou naqueles dias em que nada parece ter graça
olho no espelho e vejo uma mulher baixinha e gorda,
muito gorda
estou insignificante
e magoei seu pai que só tem me dado carinho
seus momentos livres são todos para mim
sinto amor emanando dele
me perdoe
pode ficar bravo comigo

A RESILIÊNCIA MITIGANDO A DOR DA INCERTEZA.

o que se passa com você?
comigo? com nós dois?
estamos juntos, vivemos separados,
cada um com sua vida
e como nos amávamos
com você eu esquecia tudo
entregava meu corpo e minha alma para você
nossos momentos juntos era tudo,
nada mais importava
era tão gostoso chegar no nosso ninho de amor
de banho tomado e perfumada eu o esperava
quando chegava me enchia de carinhos
eram momentos realmente felizes
os dias passavam alegremente, nada mais importava
a necessidade de estar junto só aumentava
até chegar aquele dia
dia que lembro com ternura
você disse que queria ficar comigo
meu coração explodiu de alegria
e começamos nossa vida a dois
era primeiro de janeiro de 1978
depois de um ano de encontros deliciosos
alguns desencontros havia
com muita alegria descobrimos depois
que estávamos esperando nosso filho
foram nove meses de espera tranquila

só vejo você nervoso
seu sono é inquieto
nada lhe satisfaz
o que você espera da vida?
infeliz numa união que acabou
diz não gostar de mentiras, mas mente
queria um filho, agora tem
queria amar, diz me amar
o que você espera da vida?
alguém ao seu lado sem vida
que concorde com você sempre sobre tudo
que não sinta?
que não seja divertida?
alguém passivo, sem vontade própria
o que você quer da vida?

quando acaba o encanto
restam apenas os tentáculos das obrigações
quando a chama apaga
não se quer mais dar nem receber

ERA MAIO,
AINDA DAVA TEMPO
PARA AMAR...

quando você caiu, eu estava ao seu lado
incentivando-o
quando esteve triste, eu estava ao seu lado
acarinhando-o
quando você estava perdido sem saber o que fazer
eu estava ao seu lado
ouvindo-o

chore, grite, desabafe
quando você sentir insegurança, venha para perto
de mim
me abrace e fale comigo
eu posso ajudá-lo a encontrar um caminho, enfim
venha, não tenha receio de entregar-se
quero sentir você esquecer a dor
solte-se, não pense em nada, venha para mim
não fique sozinho, amor

quando precisar, venha
quando quiser me sentir, olhe para mim
ou apenas sorria, estarei sempre aqui

ELA É DOR...

ouvindo nossa música, pensei em você com ternura
senti sua falta, e como senti
eu o queria tanto, queria na hora
de tanto que queria ser totalmente sua,
eu o magoei. sinto tanto
ah, esse orgulho que chega sem avisar!
mas aquele carinho por você não acabou

nosso passado foi tão belo, tão sofrido
quando me apaixonei por você?
esqueci tudo, só queria você

será difícil esquecer
aqueles tempos felizes
que corríamos como crianças
sorríamos por qualquer motivo
será difícil esquecer
nosso hoje que é ainda
mais lindo e completo
porque conhecemos
cada poro dos nossos corpos
será muito mais difícil esquecer

seu coração estará sempre dentro do meu
mesmo que nunca mais possa te ver
meu coração conseguiu com você o amor
sensação que nunca esquecerá
tantos quantos forem os anos que ainda tenho
para viver

A VIDA URGE,
E ELA ESTÁ
SOZINHA...

se a vida fosse um mar
infinita na sua grandeza
onipotente na sua beleza
a tristeza seria a chuva que logo vai
a alegria, o sol que tanto brilha
a solidão, noite de estrelas acompanhada da lua
o mar, vento que passa dando lugar a um novo amor
tudo renasceria, como tudo que se inicia
repleto de curiosidade e esperanças

o que quero da vida?
viver
sei que muitas vezes cairei
mas levantarei e seguirei em frente
por quê?
eu acredito no amanhã, tenho fé

preciso pensar, coordenar minhas ideias,
um caos total caiu sobre minha cabeça
preciso saber o que realmente me fará feliz
preciso ser forte para construir e destruir,
confiar e desconfiar, sorrir e emudecer
quero poder pedir, receber e dar
quero viver, poder sonhar o que sempre quis
e transformar meus sonhos em realidade
com garra enfrentarei você, mundo
dentro de mim existe um mundo ainda maior
enfrentarei a vida com vontade
se em algum momento eu cair
vou saber me refazer
e será você a me dar as forças que preciso
sei que lágrimas rolarão pelo meu rosto
não faz mal, isso vai me fortalecer
saberei sentir seu gosto amargo
e transformar o choro em riso

A VIDA É UM ETERNO RECOMEÇO. AFINAL, O AMOR AINDA MORA DENTRO DELA...

sinto-me só, apesar de ter você ao meu lado
você me ama
eu amo você
vamos lutar por nós dois?
não adianta lutar, fugir, gritar, dizer não mais amar
é tão grande a vontade de tocar você
e sentir você todo dentro de mim

ALGO NELA
SE PERGUNTA...
ALGO NELE SE ESVAI...

preciso de você
você pode ajudar?
preciso do seu amor
você pode me amar?
estou solitária
você me faz companhia?
estou perdida
você ajuda a me encontrar?
estou triste
você me faz sorrir?

por que nosso corpo reluta em obedecer
aos nossos pensamentos?
será que as mágoas guardadas no nosso subconsciente
são mais fortes que nossa vontade?
está difícil conviver com você
seus limites não são os meus
os meus tampouco são os seus
está difícil conversar com você, tento, não consigo
meus limites físicos vão muito além dos seus
meus limites culturais são muito aquém dos seus
por quê?
partimos de desencontros, mesmo assim nós
chegamos, nos gostamos,
até nos cegamos para nossas diferenças
crescemos juntos em algumas coisas,
noutras aprendemos juntos
agora, depois de tanto tempo, estamos perdidos
um ao lado do outro, sem saber o que fazer
por quê?
não nos completamos mais,
acho até que não nos gostamos mais
apenas nos aturamos?
por quê?
sinto-me só
nem meu eu está comigo
quero gritar, desabafar

vejo o seu vulto, "aquela" sua pose magistral
calo, não o que quero dizer, mas o meu falar
calo o meu pensar
como um casulo me escondo
me anulo
me fecho
me anulo
por quê? covardia? não sei, talvez
existe um diálogo possível?
sobre tudo, sobre o nada
momentos compartilhados no universo das ideias
última palavra
sempre sua, magistrado, o todo-poderoso

É SETEMBRO, E NELA PENSAMENTOS BROTAM...

ELA ESPERA,
SEU CORAÇÃO CHORA.

esse foi realmente um ano difícil
você sofreu muito física e mentalmente
como me sinto mal não podendo, mas querendo
ajudar você
sinto que estou menos preparada para a vida hoje
do que cinco anos atrás
uma sensação de incapacidade
toma conta do meu corpo
e lá vem o bendito complexo de inferioridade
que ronda minha vida
que me faz sentir incapaz de cuidar de você
que me faz uma mulher limitada
choro por dentro
penso nos nossos filhos
o que será do futuro deles?
você sempre com assuntos mais importantes
para tratar
sempre ausente, mesmo ao meu lado, estou só
o homem que conheci está perdido em algum lugar
como longe também está a mulher
que você conheceu
outrora alegre, ousada
pronta para ajudar nos seus problemas de saúde
ou outro qualquer
hoje mesmo me senti perdida ao seu lado

mesmo querendo dar meu apoio, não consegui
às vezes, muitas vezes tenho receio de chegar perto
de você
o que aconteceu com nós dois?
parece até que estou indiferente
não é verdade, amo você
mas nossa vida está tão sem sentido
será que isso acontece com todos os casais?
entendo tudo o que está acontecendo com nós dois
sei, aliás, tenho certeza de que você
quer tudo de bom para nós
tenho refletido, tentado amadurecer
quero realmente acompanhar você
mas vou ser sincera
estou mais preocupada com nossas vidas
do que com os problemas do mundo
não quero transferir nossos problemas
para os nossos filhos
sabe, quando olho para trás
e relembro como éramos,
como eles eram com nós dois
sinto que você precisa mais de ajuda
que as crianças
sim, são crianças, não sabem se defender
olhe para mim
eu sei me defender?

amor, eu tento, mas não consigo fazer você entender
como sou
você não parece perceber
fica com você mesmo tão envolvido
amor, eu tento fazer você entender
que não importa o tamanho
ou o pouco poder que tenho
não importa que meu rosto esconda os anos que vivi
e tampouco se a roupa que cobre o meu corpo
faz de mim menos ou mais mulher
amor, eu tento, mas não consigo
traduzir em palavras o que se passa dentro de mim
você precisa entender os meus sentimentos,
sejam bons ou ruins, é como me sinto

queria escrever alegrias para você guardar e lembrar
dizer todas as belezas sem nada pronunciar
você simplesmente leria em mim

derramar sobre você o amor que sinto
se em certos momentos ele não transportar em você
ele estará no meu íntimo

como sementinhas que ficam à espera
para florescer e crescer num amor maior
se você não puder regar, não faz mal
raízes profundas já se enraizaram pelo meu corpo
o meu melhor

DOIS CORAÇÕES
QUE BATEM EM
COMPASSOS
DIFERENTES...

amor, não aguento ver você assim
estou perdida, queria poder ajudar
não sei como, se fico ou vou embora
não gosto de ver você triste assim
sofro olhando ao longe sem saber o que fazer
não importa onde seus pensamentos estejam
eu estou ao seu lado
mesmo que não me queira, não faz mal
fale para mim, eu vou embora
eu só quero que você encontre paz

hoje meu coração está apertado
quero escrever, desabafar, mas não consigo
estou oca, vazia, o nada tomou conta de mim
tudo foge do meu pensamento, maldigo
já nem sei quem sou ou de onde vim
está vazia e funda a minha mente
tudo parece tão pequenino de repente
meus olhos cavos penetram na escuridão
algo se apodera do meu corpo, da minha vontade
quero me libertar, preciso ser forte
sonho e você está comigo, tenho você e a felicidade

faz tempo que não consigo abrir meus pensamentos
ficar tranquila e falar com você
não sei bem o que acontece comigo
penso, mas nada realizo
a vida passa e nos afasta
não, eu não quero esse fim para nós dois
olho dentro de mim mesma
não consigo encontrar tranquilidade, consolo,
felicidade
estou perdida
tenho tudo que já sonhei e até o que nem imaginei
dois filhos maravilhosos e você
um marido preocupado com nosso futuro
gostaria que você olhasse um pouco
para o nosso presente
tenho estado dispersiva
sem conseguir dar a força que você precisa
preciso cuidar de você
olhar você
ser uma mulher adulta, amadurecida
seria bom ter mais idade
quem sabe ajudaria
tenho falhado como esposa, mãe e dona de casa
vou fazer força, vou parar, pensar e mudar
só uma coisa eu peço

acho que procurei entender seu nervosismo, seus
problemas
aceito tudo com tranquilidade
procure enxergar as coisas boas que faço
(se é que elas existem)
olhe a família de uma maneira diferente
não pense só no futuro

mas, querendo viver uma vida normal,
como os outros
fizemos uma viagem maravilhosa de navio
todo conforto, diversão, gente
lugares bonitos
e, vamos ser sinceros, não aproveitamos quase nada
talvez agora nossas vontades sejam diferentes
lembra que no passado
gostávamos das mesmas músicas,
contemplávamos as mesmas paisagens?
sinto meus sentimentos adormecidos
sem tristezas ou alegrias
como isso aconteceu?
uma certeza eu tenho, não gosto da vida desse jeito
já fui diferente, preciso mudar
quero fazer você e meus filhos felizes
quanto aos nossos filhos, às vezes me sinto
desorientada
preciso de ajuda
mas isso não é tudo
vejo como você foi criado, como eu fui criada
os dois mundos estão errados, o que fazer?
vamos educá-los juntos
seja enérgico, mas carinhoso, oriente
sem ser ditador
eu quero você, amo você, me ajude!

vem
olha pra mim
não quero você assim
meus braços estão à sua espera
vem
o tempo passa
as distâncias aumentam
esses mal-entendidos nos afastam
não quero você assim
vem
olha pra mim
olho no olho
encontraremos nosso caminho
vem
tudo acaba um dia
a planta sem água, morre

estou só com meus pensamentos
quero alguém para desabafar
falar, não sei o quê
alguém que me faça sorrir

A DOR DE SER FERIDA,
MAGOADA, TRAÍDA...

é grande a vontade de me libertar de você
quero deixar de ser mais uma no seu ninho
não quero escutar mais a repetição de uma gravação
que tantas outras ouviram
e quem sabe ainda escutam
parar de pensar que você está fingindo
a ponto de sonhar coisas belas que talvez
você não mereça
não aguento mais, vou deixar você para trás, sozinho
talvez diga o porquê ou simplesmente saia da sua vida
irei embora
fazer de conta é bom
mas passar a vida toda fingindo não dá
eu não escolhi você, você aconteceu para mim
do jeito que entrei na sua vida, sairei
sem causar nenhum mal a você ou a mim
que triste fim para nós dois
porque o conheci, meu Deus?
mas a vida é assim, não o esquecerei jamais

quero ser amada, desejada
não quero estar na cama de um homem que pensa
em outras mulheres
mulheres com bundas salientes, seios volumosos,
corpos esculturais
meu corpo é pequeno, sem grandes curvas, feio até
se não é o que deseja
não use meu corpo pensando em outras
compartilhe sua cama com quem você almeja
espero um pouco de sensibilidade, respeito até
para fazer amor com uma mulher é preciso entrega
entrega entre dois corpos que se amam
e se completam
fazer amor, para mim, é dar e receber
fazer amor, para mim, é amar
não quero ser objeto
não quero estar ao lado
de alguém que já não me quer
quero ser amada, desejada, acarinhada

A DISTÂNCIA AUMENTA...

aos poucos você está me deixando
como uma vez disse que faria
mas hoje é difícil aceitar
essa verdade está me machucando
porque vai acabar, não sei
juro, eu não queria
mas não posso obrigar você a ficar comigo
a gostar de mim como gosto de você
quero que você seja feliz

...CADA VEZ MAIS...

hoje já conseguimos ficar uma semana
sem conversar um com o outro
hoje já conseguimos nos insultar
hoje as únicas coisas que nos une
é uma cama de casal,
dois filhos
e muitas desilusões

você vive melhor sozinho
sem ninguém para incomodar

cinco anos de união
no início tudo era brincadeira
o tempo foi passando
muita coisa ficou para trás
muitas brigas, muita poeira
muita paz
dois filhos

ELA CANSOU DE LUTAR SOZINHA POR UM AMOR QUE ANTES ERA DE AMBOS...

olho para você
quero você do meu lado
mas hoje tudo parece tão complicado
às vezes tenho vontade de desistir de tudo
sinto um cansaço
quero ser cuidada
para que aprender, lutar
se logo tudo perde o sentido quando a velhice vem
e você?
você quer sua vida só para você
quer uma mulher
não uma mulher, uma namorada que faça as vezes
de esposa
mas sem os compromissos de uma

homem, que queres?
que pensa ser felicidade?
será algo palpável ou simplesmente a felicidade
está dentro de você
só vejo insatisfação em você

parece, não sei
o que você pensou completar sua vida
não aconteceu
não entendo suas reações, alegria, depressão?
talvez o que pensou ser tão belo
não era

estou frágil, precisando de uma mão amiga
procuro você, só você poderia me ajudar
pego o telefone, disco seu número, você atende
alívio, que logo vai embora, estou tonta
você pergunta: como vai?
chorar, xingar, o que fazer?
tudo bem, digo, tchau!
desligo o telefone, não importa o que diga
sigo o meu caminho cabisbaixa
uma garoa fina molha meu rosto
não me importa o frio
a dor não me deixa sentir nada
só, a passos lentos, vou embora
não sinto raiva, apenas pena de mim mesma

antes eu sentia que podia prever meu futuro
ele estava programado
hoje, estou aqui sentada sozinha num banco de bar
tenho a liberdade ansiosamente esperada e estou
aqui sozinha a pensar
sem saber o que fazer, para onde ir, que amigos
procurar
mas não consigo pensar em ninguém
para estar ao meu lado
alguém que eu queira de verdade, enfim
meus pensamentos voam, penso na finitude da vida
e fico triste ao constatar
que se eu morresse hoje
não teria feito nada realmente bom para mim

AGORA ELA É SÓ LEMBRANÇAS...

era lindo vagar com você por aí
afagar seus cabelos
beijar seus lábios perdendo-me
rolar ao seu lado
qualquer lugar estava bom, qualquer lugar valia
eu me acomodava, você também
era lindo amanhecer com você num abraço
era um despertar calmo com sorrisos de bom-dia
nossos rostos não apresentavam cansaço
nem nossos olhos o avermelhado ao acordar
era lindo ver você banhar-se
e indeciso escolher a roupa do dia
como eu gostava de me jogar nos seus braços
quando já na porta recebia seus beijos
era lindo no cair da tarde cheirosa
e penteada esperar por você
o clique da fechadura, não sei por quê,
sempre me emocionava
e me fazia ir ao seu encontro
era lindo você sorrindo vir ao meu encontro
como era bom sentir seu corpo
e suas mãos à procura dos meus cabelos
para acariciá-los, eu me sentia sua
e sentia um calor no corpo
era lindo durante o jantar entre risos
e goles de cerveja, nossa prosa
era só felicidade
era lindo quando, abraçados,
nos deitávamos no chão
rolando nas almofadas para fazer amor
como nos primeiros dias
como dois apaixonados

AGOSTO É SEMPRE AMOR E DOR PARA ELA.

uma nova vida

mudar

para nada mudar

estou confusa
quero minha liberdade
experimentar, ousar
mas o medo está presente me envolvendo
pressinto armadilhas
mas quero tentar
preciso ir adiante

é triste olhar para trás e ver que seu passado
o que você fez ou não fez
parece não ter sentido
ou até o que você pensava estar construindo,
moldando, ruiu
é triste
sei que não foi de todo ruim
houve momentos bons
gerei filhos
apoiei um homem
fui sua companheira
com os passar dos anos nos afastamos
demorei muito a pensar por mim mesma
mas estou tentando amadurecer
cada um tem seu tempo
você tinha a seu favor 19 anos de vivência
deve ter acertado, errado
quando nos encontramos eu tinha apenas 20 anos
totalmente inexperiente
reconheço, você foi paciente comigo
aprendi muito com você
apesar de ter sido casada antes por onze meses
você sabe, nem amor eu sabia fazer

REMOENDO VALORES,
REFUTANDO DORES...

eu queria não ter deixado para trás
aquela simplicidade podia ter ficado
aquela ignorância
aquele ar de menina de subúrbio
aquele sorriso sempre largo
aquele respeito pelo outro
eu queria não ter conhecido o outro lado

não me arrependo de ter amado
de continuar amando
de me entregar para você
você entrou em mim
eu respirava você
um dia, sem ver, você me sufocava
era amor, era paixão
eu não sabia tudo que você sabia
aprendi muito com você
ainda tenho muito para aprender
você se decepcionou comigo
achou que eu cresceria, lhe daria força, lhe ajudaria
e eu na escuridão continuei
fiquei no passado
só coloquei filhos no mundo
só deitei na cama com você

QUANDO A DISTÂNCIA
APROXIMA...

preciso esperar
por que fico tão deprimida?
quero que minha vida mude
nada acontece
não faço nada para conhecer novas pessoas,
novos lugares
o homem que já não quero mais me pressiona
manda flores, fica me olhando, me querendo
o que faço?
ficar no conhecido
passar por tudo que já conheço
que não gosto
preciso esperar
peço a Deus para me iluminar

DOS RESCALDOS
JÁ NÃO RESTA
MAIS NADA...

a roupa que me aquece agora é a única que tenho
o rosto que apresenta esta expressão de tristeza
outrora trazia calma e tranquilidade no cenho
este corpo castigado já possuiu
o esplendor da juventude
não faz muito tempo, havia vigor e beleza
as lembranças, boas e ruins, se foram
as saudades aos poucos foram embora, amiúde

os dias passam
os anos vão ficando para trás
assim como nossa juventude
o belo dá lugar ao feio
os lindos cabelos já não são os mesmos
nem aquele corpo existe mais, enfim
os sonhos esperados ficaram no passado
os momentos felizes são lembranças queridas
o presente é o que importa
já não existe mais o futuro imaginado
nem as alegrias e tristezas
conseguem nos abalar tanto assim
existe apenas a necessidade de tranquilidade, paz

ELA SE VÊ AGORA EM CONDIÇÕES DE LUTAR... LUTAR POR SI MESMA.

vem um desejo
desejo de ter alguém do meu lado
alguém interessado, alegre, desejável
quero sentir meu corpo vibrar
meu coração disparar
perdida na minha liberdade
presa nos meus pensamentos

não é porque todos são condicionados a
determinados tabus
que eu deva segui-los

eu vou ser eu!

quero ter minhas ideias
quero lutar por elas,
por mais infames que elas pareçam

SUA VIDA GANHA UM
NOVO CENÁRIO.

E O SCRIPT
JÁ NÃO TEM DOR,
SÓ AMOR.

ontem estive com você
parece que nos conhecemos há tanto tempo
quando estamos juntos é tão bom
aliás, é muito bom
nos entrosamos, nos encaixamos
nossas bocas se encontram
como se sempre se conhecessem
fico leve, solta, me entrego suavemente a você

ontem estive com você
quando estaremos juntos outra vez? não sei
mas é doce a espera
a expectativa, a incerteza
o que você sente por mim? não sei
mas é doce a espera
a expectativa, a incerteza
o que você sente por mim? não sei, não importa
é muito bom estar com você, acariciar você,
fazer amor com você
eu me entrego, toda, corpo e alma

hoje encontro você como homem
um homem que fisicamente
não é nada do que eu gosto
ainda não o conheço bem
mas no pouco tempo que estamos saindo
fiquei encantada com você
e na cama, uau,
parece que fazemos amor há muito tempo
nossos corpos se encaixam
fico totalmente perdida e gozo
gozo gostoso
e no seu beijo me entrego totalmente
não sei o que você sente por mim
também não sei o que sinto por você
estamos carentes
com os casamentos desfeitos
não sei o que vai acontecer, não importa
quero simplesmente aproveitar esses momentos

o que pode ser mais sublime
do que o amor entre um homem e uma mulher?
o que pode ser mais puro
do que um olhar para alguém que se ama?
um olhar trocado no meio da multidão,
onde todos olham e nada veem?
um roçar de corpos que provoca arrepios
um frio gostoso que vem não se sabe de onde
quando vai ao encontro da pessoa amada
dois corpos se tocando
entrega, paixão
olho no olho
troca
amor

E FOI ASSIM
O AMOR DELA.
UM AMOR
QUASE INFINITO.
UM AMOR QUE INUNDA
E FORTALECE.
E QUE O TEMPO
SE ENCARREGA
DE FAZER AS RUGAS.

afinal,
o que é a vida
momentos?
encontros?
desencontros
buscas
incertezas

Este livro foi composto em Century 11/14,35 e impresso pela
Pigma Gráfica e Editora Ltda. em papel Pólen Bold 90g/m2
da Cia. Suzano de Papel e Celulose